초식 공룡들이 어떻게
스스로를 보호하는지
살펴보자.
엄마, 무서운 육식 공룡이
나타나면 초식 공룡들은
어떻게 하나요?

글 정혜원

오랫동안 어린이책 만드는 일을 하며 동화도 쓰고 만화책도 만들고 외국 어린이책을 우리말로 옮기는 일도 했습니다. 지은 책으로 <팔봉이의 굉장한 날>, <별세상 목욕탕> 등이 있으며, 옮긴 책으로 <맥도널드 아저씨의 아파트 농장>, <벤자민의 생일은 365일> 등이 있습니다.

그림 꿈꾸는거북

그림책과 동화, 학습지, 만화 등을 기획하고 쓰고 그리는 사람들의 모임입니다. 어린이들에게 필요하고 유익한 정보를 자유로운 상상과 결합시켜 어린이들이 신나게 즐기면서 창의력과 사고력을 키울 수 있는 콘텐츠를 만듭니다. 작업한 책으로 <첨단 과학만화>, <푸르넷 세계여행>, <한반도와 세기의 공룡들> 등 다수가 있습니다.

감수 서승조

진주교육대학교 학장과 호주 그리피스대학교의 교수를 지냈습니다. 우리나라의 의성, 고성, 함안, 진주, 남해 등 곳곳의 공룡 화석을 조사, 발굴, 연구한 1세대 공룡 연구자 중의 한 명으로, 수많은 보고서를 냈습니다.
지금은 진주교육대학교의 과학교육과 명예교수이자 고성공룡박물관 명예관장, 과학기술부 및 동아사이언스의 과학 앰배서더를 맡고 있습니다. 지은 책으로는 <고성 공룡 이야기>, <고성 공룡 화석 도감> 등이 있습니다.

동물 · 초식 공룡 13 초식 공룡 마야의 신기한 모험

정혜원 글 · 꿈꾸는거북 그림 · 서승조 감수
펴낸곳 (주)아람키즈 | 펴낸이 이소영 | 주소 서울특별시 성동구 성수이로 147, 아이에스비즈타워 2F
고객센터 1644-4521 | 팩스 02-468-5548 | 홈페이지 www.aramkids.co.kr | 출판등록 제2020-000011호
기획 · 편집 · 디자인 (주)아람키즈 하늘땅
ISBN 979-11-6543-522-6 979-11-6543-574-5(세트)

초식공룡 마야의 신기한 모험

정혜원 글 · 꿈꾸는거북 그림 · 서승조 감수

아람키즈

어느 넓은 들판에 마이아사우라들이 모여 살았어.
꼬마 마이아사우라 마야는 늘 궁금한 게 많았지.

"엄마, 저 건너 숲에는 뭐가 있어요?"

"숲에는 무서운 공룡들이 **우글우글하단다***."

엄마는 겁을 주었지만, 마야는 숲에 가 보고 싶었어.

마이아사우라들은 여러 마리가 함께 모여 살면서 둥지에 알을 낳고, 새끼가 자라 스스로 위험을 피할 수 있을 때까지 돌보아 주었어요.

어느 날 엄마가 둥지를 비운 사이,
마야는 몰래 집을 나섰어.

숲으로 가는 길에는 고사리가 잔뜩 나 있었지.

"우아, 먹을 게 아주 많아! 숲속에는 더 많겠지?"

소철

나무고사리

마이아사우라는 초식 공룡이어서 소철이나 나무고사리 등의 나뭇잎이나 고사리, 속새 같은 양치식물을 먹고 살았어요. 중생대에는 아직 풀은 생겨나지 않았어요.

숲에 들어서자 안킬로사우루스가 보였어.

"앗, 무서운 공룡이다!"

마야가 깜짝 놀라 소리쳤지.

그러자 안킬로사우루스는 제가 더 놀라 **납작*** 엎드렸어.

안킬로사우루스는 마치 갑옷을 입은 듯 딱딱한 골편으로 덮여 있는 초식 공룡이에요. 육식 공룡이 나타나면 납작 엎드리지요. 그러면 육식 공룡도 어떻게 할 수가 없어요. 잘못 물면 이빨이 부러질 수도 있거든요.

무서운 공룡이라고?
안킬로사우루스도
초식 공룡이라 다른 공룡을
잡아먹지 않아.

"뭐야? 무서운 공룡도 없는데 장난친 거야?"
안킬로사우루스가 주위를 둘러보더니 투덜거렸어.
그러더니 화가 나서 꼬리 곤봉을 휙!
그러자 꼬리 곤봉에 맞은 나무가 **우지끈*** 부러졌어.
마야는 놀라서 얼른 그곳을 떠났지.

안킬로사우루스는 꼬리에 무겁고 딱딱한 뼈가 달려 있어요. 육식 공룡이 공격하면 꼬리 곤봉을 휘둘러 막아요. 꼬리 곤봉에 맞으면 육식 공룡도 다리가 부러질 수 있어요.

숲속을 걷던 마야는 앉아 있는 오르니토미무스를 만났어.

오르니토미무스는 마야를 보더니 천천히 일어섰어.

날카로운 발톱을 본 순간, 마야는 도망쳐야겠다고 생각했지.

"으악, 살려 줘!"

마야는 소리를 지르며 달리기 시작했어.

오르니토미무스는 다리가 길고 늘씬한 게 오늘날의 타조를 닮았어요. 곤충이나 작은 파충류, 식물의 열매를 좋아하는 육식 공룡이에요.

그때, 마야의 눈앞에 이상하게 생긴 언덕이 보였어.
마야는 앞뒤 가리지 않고 언덕으로 풀쩍 뛰어올랐지.
그 순간, 어, 어, 어!
이상하게 생긴 언덕이 움직이는 거야.

어때, 언덕이
이상하게 생겼는걸?

"아아악!"
마야는 비명을 지르며 굴러떨어졌어.
이상하게 생긴 언덕은 바로
커다란 살타사우루스의 등이었던 거야.
마야를 뒤쫓아 오던 오르니토미무스는
거대한 살타사우루스의 모습에
주춤주춤* 물러서더니 도망쳐 버렸어.

살타사우루스는 몸집이 크고 목과 꼬리가 매우 긴 초식 공룡이에요. 몸길이는 약 12미터 정도로, 다른 목 긴 공룡들에 비해선 작은 편이었지요. 등에 딱딱한 골편이 있는 것이 특징이에요.

마야는 데굴데굴 굴러 어느 풀밭에 떨어졌어.
정신을 차려 보니 트리케라톱스가 마야를
빤히 쳐다보고 있었어.
"으악, 무서운 뿔이다!"
마야는 도망도 못 가고 제자리에서
덜덜 떨기만 했어.

커다란 뿔과 목둘레 깃이 있는 트리케라톱스는 뿔 공룡이에요. 뿔 공룡도 양치식물이나 나뭇잎을 먹고 사는 초식 공룡이에요.

트리케라톱스는
무섭게 생기긴 했지만,
초식 공룡이야.

잠시 후, 트리케라톱스가 꽃가지를 툭 꺾어다
마야에게 주었어.
마야가 불쌍해 보였나 봐.
배고팠던 마야는 무서운 것도 잊고 냠냠 꽃을 먹었지.
"우아, 부드럽고 맛있네. 고마워, 뿔 난 공룡!"

공룡 시대에는 꽃 피는 식물이 많지 않았어요.
공룡 시대 후기인 백악기가 되어서야 목련 같은
꽃 피는 식물이 나타나기 시작했어요.

공룡이든 사람이든
겉모습만 보고
판단하면 안 돼.

마야는 꽃가지를 입에 물고 집으로 향했어.
"엄마 갖다드리면 좋아하시겠지?"
그때 "크르릉!" 하는 소리가 들렸어.
마야는 **화들짝*** 놀라 수풀 뒤로 숨었지.
고르고사우루스가 아나토티탄을
쫓고 있었어.

초식 공룡들은 흔히 육식 공룡의 먹이가 되곤 했어요.
얼룩말이나 사슴이 사자의 먹이가 되는 것과 마찬가지였지요.
고르고사우루스는 초식 공룡들을 잡아먹는 무서운
육식 공룡이에요.

아휴, 조마조마해.

그때 누군가가 마야를 툭 쳤어.
마야는 놀라 기절할 뻔했지 뭐야.
“후유, 엄마잖아.”
“소리 내지 말고 엄마를 따라와.”
마야는 엄마를 따라 살금살금 그곳을 빠져나갔어*.

마야는 엄마에게 눈물이 쏙 빠지게 혼이 났지.
하지만 친구들에겐 인기가 아주 좋았어.
"우아, 그래서 어떻게 됐어?"
친구들은 몇 번을 듣고도 묻고 또 물었어.
그때마다 마야는 신나게 모험 이야기를
들려주었어.

마야는 이제 어떤
공룡이 위험한 공룡인지
알게 되었을 거야.

초식 공룡은 스스로 보호할 줄 알아요

초식 공룡들은 육식 공룡의 먹이가 되곤 했어요. 그러다 보니 육식 공룡에게 잡아먹히지 않기 위해 스스로를 보호해야 했지요. 초식 공룡들이 어떻게 스스로를 보호했는지 살펴볼까요?

뿔 공룡은 커다란 목둘레 깃으로 목이 물리는 것을 막고, 단단한 뿔로 육식 공룡의 공격에 맞섰어요.

트리케라톱스

갑옷 공룡은 튼튼한 갑옷을 입은 듯 등에 딱딱한 골편이 가득 나 있어 육식 공룡이 잡아먹기 어려웠어요.

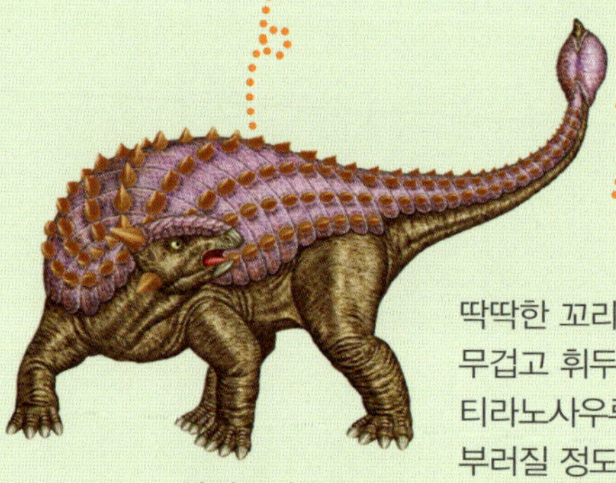

안킬로사우루스

딱딱한 꼬리 곤봉은 엄청나게 무겁고 휘두르는 힘도 대단해서 티라노사우루스도 맞으면 다리가 부러질 정도였어요.

거대한 목 긴 공룡은 기다란 꼬리를 채찍처럼 휘둘러 육식 공룡이 다가오지 못하게 막았어요.

몸집을 크게 해서 육식 공룡이 잡아먹기 어렵게 했어요.

세이스모사우루스

후아양고사우루스

골판 공룡은 등에 뾰족뾰족 골판이 나 있어 위협적으로 보일 뿐만 아니라, 날카로운 가시 꼬리를 휘둘러 적이 다가오지 못하게 했어요.

엄청난 먹보인 목 긴 공룡들

초식 공룡 중에는 먹보가 많았어요. 브라키오사우루스 같은 목 긴 공룡, 아나토티탄 같은 덩치 큰 새발 공룡이 대표적이었지요. 브라키오사우루스의 경우 하루에 나뭇잎을 200킬로그램 정도 먹었다고 해요. 이런 공룡들이 숲에 들어서면 얼마 못 가 숲이 벌거숭이가 되고 말았을 거예요.

나뭇잎을 먹는 루펜고사우루스

프시타코사우루스의 위에서 발견된 위석

공룡이 돌을 먹었다고요?

초식 공룡들은 나뭇잎을 먹을 뿐만 아니라 가끔씩 돌을 집어 먹었어요. 공룡 화석의 위 부분에서 발견되는 둥글둥글한 돌을 보면 그것을 알 수 있지요. 이 돌들은 위 속에서 공룡들이 잘 씹지 않고 삼킨 나뭇잎을 으깨고 갈아 소화시켜 주었어요. 이 돌을 '위석'이라고 해요.

공룡이 궁금해!

공룡이 풀을 먹지 않았다고요?

흔히 초식 공룡이라고 하면 풀을 먹고 산 것으로 생각하는 사람이 많아요. 하지만 공룡은 풀을 먹지 않았어요. 풀은 공룡이 사라지고 난 한참 뒤에야 땅 위에 나기 시작했거든요. 그럼 초식 공룡은 무엇을 먹었을까요? 초식 공룡은 당시에 많이 난 고사리와 쇠뜨기, 버섯, 침엽수나 은행나무의 잎을 먹고 살았어요. 당시의 침엽수는 오늘날보다 훨씬 부드러워서 먹기 좋았지요.

신나는 과학놀이

문제 초식 공룡은 다른 공룡을 잡아먹지 않아요. 다음 중 **초식 공룡이 아닌 것**은 무엇일까요?

① **안킬로사우루스** ② **트리케라톱스** ③ **고르고사우루스** ④ **아나토티탄**

정답은? ① ② ③ ④

문제 마이아사우라는 초식 공룡이에요. 다음 중 **틀린 말**을 고르세요.

① 마이아사우라는 여럿이 함께 모여 살아요.

② 마이아사우라는 고사리나 나뭇잎을 먹고 살아요.

③ 마이아사우라는 무서운 육식 공룡을 만나면 숨거나 도망쳐요.

④ 마이아사우라는 어른이 되면 머리에 뿔이 나요.

정답은? ① ② ③ ④

정답: 3, 4